Palabras Pronunciadas

en 87 poemas

Palabras pronunciadas en 87 poemas

LeCanarien ediciones
Avda. de Canarias, 12
La Orotava – S/C de Tenerife
www.lecanarienediciones.com
674 813 313

Primera edición
Santa Cruz de Tenerife, noviembre 2024

ISBN: 978-84-19694-57-7
DL: TF 197-2024

Dácil Trujillo Flores

Palabras Pronunciadas

en 87 poemas

A Ernestina, mi madre, y a Pedro, mi padre.
Con todo mi amor y agradecimiento.

A Elisa Betancor, amiga por siempre. In memoriam.

PALABRAS, VERSOS Y LIBERTAD

Palabras pronunciadas en 87 poemas es mi primera obra literaria, que presento con gran ilusión y entusiasmo.

Guardado como un tesoro, este proyecto lleva años durmiendo, esperando el momento propicio para despertar, salir a la luz y darlo a conocer, sobre todo a aquellos que me preguntan con frecuencia cuándo voy a animarme a publicar un libro, y principalmente porque es una asignatura pendiente conmigo misma.

Dividida en tres partes, Adolescencias, Ausencias y Vivencias, la obra sigue un orden cronológico correlativo: es mi deseo mostrar la evolución desde mis primeros poemas adolescentes, hasta varias etapas posteriores cargadas de sentimiento, existencialismo, amor, desamor, anhelos, sueños, esperanzas, luchas... y todo lo que puede caber en el corazón y el alma de una poeta; con un cantar sencillo y sincero.

He cultivado la poesía desde niña, ha sido y es una liberación y una forma de vida, otra forma de afrontar y transformar la realidad, al igual que la pintura o la música, disciplinas que a mi manera también me acompañan como parte fundamental del equipaje de este viaje que es la vida y que encuentra en el arte su mejor medio de transporte.

Sin prisas, sin importarme los años que pasan, acumulo poemas que encierran toda una historia en cada momento de ser escritos, que a veces se transforman en canción, cargados de tanto sentimiento, que llegan a ser tan desgarradores y profundos como esa "mar sin orilla" en la que me sumerjo en algunos versos y en los que el amor o el dolor, pueden sentirse a flor de piel.

Ahora mismo, sentada frente a mi ordenador y escribiendo estas palabras introductorias, puedo decir que me siento feliz y satisfecha, aun sin saber si este libro llegará a fraguarse, porque espero sea el primero de muchos, por la libertad que me ofrecen las palabras, porque esto es una parada más en mi camino, en el que sigo creando y creciendo con lo bueno y lo malo que me trae la vida, con las experiencias vividas y las que anhelo vivir, porque la vida sin ilusiones y proyectos no se vive intensamente y porque agradezco despertar cada mañana junto a mis seres queridos y ver brillar la luz del sol.

Porque tengo la mejor familia del mundo.

Dácil Trujillo Flores

Nos congratula la artesanía y el arte en general. Me considero devoto, seguidor incondicional, de los creadores comprometidos con su proceder, inmersos en el devenir histórico de su Pueblo. Tal es el caso de la autora del libro que hemos tenido la dicha de leer apasionadamente y de prologar. Todo un honor.

De Dácil Trujillo Flores, desde hace años, conozco su labor docente, impartida en su condición de Licenciada en Bellas Artes, realidad que tiene que ver con sus considerables y enriquecedoras inquietudes artísticas, prodigadas, esencialmente, en el ámbito de la música, la pintura y la poesía, disciplina esta última con la que se relaciona, principalmente, el libro que el lector tiene entre sus manos y al que ha titulado *Palabras pronunciadas*.

Ahora bien, vayamos por partes. Dácil Trujillo y quien esto escribe, somos componentes, desde hace años, de dos colectivos culturales nacidos en el seno de la Universidad de La Laguna: el Grupo Folklórico de la Facultad de Educación, popularmente conocido como "Grupo de Magisterio", y el Aula Cultural de Etnografía, fundados, respectivamente, en 1981 y 1995, hace pues 43 y 29 años, habiendo trabajado de forma perseverante. El objetivo de ambas entidades es el mismo: la investigación, estudio y difusión de la cultura tradicional -el legado de nuestros mayores- y, sobremanera, el de uno de sus apartados más ricos y vitalistas: el folklore musical. Es en él donde ha sobresalido el papel y la labor de Dácil, destacando como tocadora de timple y cantadora, esencialmente en la interpretación de géneros folklóricos tradicionales como son, entre otros, la isa y los cantos de trabajo.

Como pintora ha colgado sus cuadros en exposiciones individuales y colectivas dadas a conocer en diferentes puntos del archipiélago. Los dos cuadros suyos que tenemos en nuestra casa, sirven para sintetizar su obra pictórica. Uno de ellos corresponde a un rincón del pueblo sureño de San Miguel de Abona. El monumental pino canario, las casas y la calle aparecen representados de forma magistral. Es un cuadro sin gente aunque con alma, como nos ofrece cada uno de los suyos. Tal como denota su segunda obra pictórica titulada "Desde la boca de la galería", en la que aparece un minero tocando el bucio, en la entrada de la galería de agua, indicando a los compañeros que es la hora de acudir a comer o que salgan rápido porque hay peligro de derrumbamiento... Ese cuadro, cargado de vitalidad, constituyó la portada del libro publicado en el año 2018 con el título *El bucio en Canarias. Lenguaje y cultura*, en el que se incluye un poema de la propia Dácil Trujillo, titulado "Himno al bucio".

Como refleja en su libro, empezó a escribir poesías desde niña. Para ella, ha constituido "una liberación y una forma de vida, otra forma de afrontar y transformar la realidad". Ha intervenido en recitales, a algunos de sus poemas los ha musicado, habiendo sido galardonadas varias de sus creaciones literarias.

Hemos contado esas cosas para aproximar al lector amante de la poesía a la capacidad y valía de Dácil Trujillo Flores.

Palabras pronunciadas es su primer libro. Lo conforman 87 poemas, ordenados cronológicamente. Los dibujos que aparecen en sus páginas pertenecen a la propia autora. La obra se distribuye en 3 partes, tituladas, respectivamente: "Adolescencias" (1991-2002), "Ausencias" (2003) y "Vivencias" (2003-2018).

Poesía social vivida y comprometida, existencial, de desamor, de amor. Su poesía es un canto, pero también un llanto de ausencias tan añoradas y significadas, para la pena por su perro fallecido, para García Lorca e inclusive para su amiga fenecida Elisa Betancor, en un poema -escrito en 2016- que emprende el camino del libro. A ellos corresponden los retazos que nosotros hemos escogido para concluir y que, en buena medida, sintetizan el espíritu y la sensibilidad de Dácil Trujillo:

> Aún no te has ido
> y te presiento
> en cada rincón de casa,
> en cada esquina,
> en cada lugar que miro
> y te recuerdo...
>
> No pudieron matarte
> poeta...,
> quisieron aniquilarte
> porque temían tus letras
> y derramaron tu sangre
> con la tinta de tus venas.
>
> Con alas de mariposa
> abrazaste las estrellas,
> intangible, casi ausente
> y quizás sin darte cuenta.

Dácil Trujillo Flores va a continuar pintando, cantando y escribiendo. Es una mujer coraje muy comprometida. Lo lleva en la sangre. Seguro que nos deleitará con nuevas y apasionantes entregas.

Manuel J. Lorenzo Perera
Premio Canarias de Cultura Popular 2022

Sabe esperar, aguarda que la marea fluya
-así en la costa un barco- sin que el partir te inquiete.
Todo el que aguarda sabe que la victoria es suya;
porque la vida es larga y el arte es un juguete.

Y si la vida es corta
y no llega la mar a tu galera,
aguarda sin partir y siempre espera,
que el arte es largo y, además, no importa.

Antonio Machado

ÍNDICE

AMIGA DE TANTOS AÑOS

(Para Elisa Betancor)

Con alas de mariposa
abrazaste las estrellas,
intangible, casi ausente
y quizás sin darte cuenta.
Y es que te fuiste en silencio
llevando la primavera,
la juventud de tu vida
que florecía en tu huerta.
¿Quién sabe por qué razones
los ángeles nos acechan
y se llevan en silencio
a las personas más bellas?
No hay razones ni palabras,
no hay preguntas ni respuestas,
al desconsuelo infinito
que dejaste con tu ausencia.
Amiga de tantos años...,
tan sencilla como eras,
tan grande de corazón,
tan callada y tan sincera.
¡Qué pronto se puso el sol
y anocheció en tu vereda!
¡Qué pronto te liberaste
de esta cárcel y apariencia!
Y ahora ya vuelas libre
sin dolores ni cadenas.
Y si nunca te lo dije,
aunque ya tú lo supieras...
¡Te quiero, mi gran amiga
y siempre te siento cerca!

Marzo 2016

Adolescencias

"Y sin darme cuenta que ha pasado el tiempo..."

VIVO...

Vivo en este mundo
y es como si no viviera,
porque mis cinco sentidos
buscan la forma de que muera.
Veo solo penumbras,
oigo solo tristezas,
siento lo que no siento
y saboreo la pena.
Busco la soledad,
busco la vida amena,
busco la paz en mi alma,
busco vivir a mi manera.
No quiero querer a nadie,
yo no quiero que me quieran,
sola he estado en la vida
y sola lo que me queda.
Porque la soledad es mi amiga,
hacemos buena pareja,
ella bebe de mi llanto
porque ella no tiene quejas.
Y no me importa lo que digan,
no me importa lo que crean,
así son las compañías...,
no comprenden, solo inventan.
Hasta aquí he llegado yo...,
aunque he conseguido metas,
pero de qué me han servido...,
¿de morada?, ¿de bandera?
Si acaso alguna esperanza
brillara tras esta escena...

Así es la vida señores,
unos reciben, otros pegan,
unos lloran, otros cantan
y otros solo cargan penas.
El mundo es de los soñadores,
que es tan grande lo que sueñan,
que unos realizan sus sueños
y otros nunca se despiertan.
Pero yo me he despertado
y creí ver las estrellas,
tenía mis ilusiones
y me aferré tanto a ellas,
que un día se desplomaron
y yo me caí con ellas.
La realidad se enfrentó a mí
y no pude comprenderla,
porque en lo abstracto de los sueños,
no se toca la materia.

1991

MAGNOLIAS

Soy poeta de caminos,
de montañas, de colinas,
de horizontes de tinieblas
y de las oscuras ruinas.
Soy poeta de lo triste,
yo nunca escribo alegrías,
y es que...
¿Quién se siente alegre
sintiendo melancolías
y llevando en el pecho sangre
de las magnolias heridas?...
No, no quiero escribir poemas
que digan, ¡qué hermosa vida!
Porque en el pecho me sangra
la flor más enternecida,
la que vestida de blanco
quiso engalanarme un día
y tan ingenua, la pobre...,
que hoy casi no tiene vida.
¿Qué dura verdad fue aquella
que me hizo perder la dicha
y ahora juventud sin flores
o flores que no germinan!...
Yo ya no quiero magnolias
perfumadas, bien vestidas...
¡Ahora que broten cardos
y me claven las espinas!

1993

ENTRE TÚ Y ÉL

Entre tú y él me encuentro...
Tú, por tenerte cerca...
Él, porque está más lejos.
Yo, porque no sé a cual
de los pronombres pertenezco.
Porque tú sabes que me quieres...
y yo no puedo saberlo,
y mientras yo sé lo que callas,
él duda con mi silencio.
Porque tú eres lo más puro,
eres lo más sincero,
eres lo que quisiera...
y sin embargo no quiero.

Entre tú y él me encuentro...
Tú, por tenerte cerca...
Él, porque está más lejos.

1994

SER, POR TI

Si por perderte me muero
y si me muero te pierdo...
Qué he de hacer...,
si al final se muere todo
y al final yo soy el muerto.
Y si no tengo tu vida...
¿Cuál es la vida que tengo?
¿Ser cadáver ambulante?
¿Ser grito de voz sin eco?
¿Ser sol sin amanecer?
¿Ser sueño de vida eterno?
Para qué vivir así...,
buscando verdad en lo incierto,
verdad que no encuentra espacio
porque no existe en el tiempo.
Y qué es la verdad, pregunto.
¿Es acaso un pensamiento?
¡Quien lo sepa que lo diga!
Y si no siga mintiendo.
Que yo por quererte, un día
quise llegar hasta el cielo,
y ahora que te he perdido
quiero bajar y no puedo.
¿Es acaso esto mentira?
¿Puedes decir que no es cierto?
¡Contéstame, te lo pido!
¡Contéstame, te lo ruego!
Que aunque tu lengua esté fría
y no haya calor en tu cuerpo,
oigo un grito de voz grave...
¡No quiero morir; no quiero!

1994

MAR DE MI VIDA

¡Qué turbias son las aguas de mi vida!
Cuando me creo ir en calma
porque un nuevo sol me guía,
vuelvo a caer entre sombras,
vuelvo a sentirme vencida.
Vuelvo a soltar el timón
al que se agarran mis días,
y me asusto de las noches
de nubes negras y frías.
¡Qué malo sentir que nadie
te tiende una mano amiga!
¡Qué malo sentirse solo,
sin rumbo y a la deriva!
¡Qué malo sentir que soy
poeta, sin poesía!

02-03-1995

NO DIGAN QUE ES TRISTE

No digan que es triste
la voz de mis versos,
no digan que calle
y grite riendo,
que yo no sé hablar
con tono risueño.
No digan que huya
del dolor y el miedo,
no me pidan flores
si solo hay desierto,
no busquen la aurora
que yo no la ofrezco.
Yo no ofrezco risas
ni campos de ensueño,
ni rosas abiertas,
ni bellos luceros.
No quiero disfraces
que vistan mis versos,
no quiero dulzuras
ni amores sinceros,
no quiero mentirle
ni a mí, ni a mis sueños.
Mis sueños oscuros
de noches de invierno,
de eternas preguntas
de duda y misterio.

No digan que es triste
la voz de mis versos,
aunque siempre sea triste
la voz de lo cierto.

22-09-1995

RECUERDOS DE ADOLESCENCIA

Son tantas las cosas que echo de menos...
Son tantos recuerdos y tantos deseos...
Que quiero arrancarme la piel de mi cuerpo
y quiero dejarla tirada en tus suelos.
Quisiera rodar por tus calles y huertos,
quisiera gritar tu nombre y no puedo.
¡Pueblo de mi sangre y pueblo de mis huesos!
Quisiera morirme leyéndote versos.
Quisiera tener quince años, ¡oh cielos!
¡Que ha pasado el tiempo y todavía lo quiero!
Aquellos instantes que sentí sus besos,
aquellos momentos que rocé su cuerpo...,
hoy quiero morirme porque ellos han muerto.
¡Oh pueblo testigo! ¡Tú sabes que es cierto!
Hoy sentada y triste, escribiendo versos,
no aparto mi vida de aquellos momentos,
y sin darme cuenta que ha pasado el tiempo,
no he sentido cambio en mi amor eterno.
¡Ojalá los años fueran justicieros!,
y te hicieran verme como yo te veo,
te hicieran quererme como yo te quiero,
te hicieran sentirme como yo te siento.
Hoy sentada y triste y mirando al cielo,
no aparto mi vida de aquellos momentos,
momentos que nunca volveré a tenerlos...
¡Oh pueblo testigo! ¡Tú sabes que es cierto!

24-06-1996

TURBULENCIA

Turbulenta la noche,
turbulento el recuerdo,
turbulento el reloj
que delata el silencio,
de este cuarto que encierra
a una amante de versos.
Turbulenta la vida
porque yo no la entiendo,
turbulenta mi alma
porque no tiene espejo,
turbulento lo es todo...
si no huele a desierto.

10-10-1996

TU MADUREZ

Tu madurez ha llenado mi alma
y tus ojos han dado a mi vida,
lo que no han dado otros ojos,
jóvenes y brillantes todavía.
Y tus manos...
¡Qué decir!, de la ternura que deliran...,
fuertes, tiernas, manos tuyas,
hoy quisiera hacerlas mías.
Y tu boca...
¡No me importa!, lo que otras bocas digan...,
solo una palabra basta
y será tuya mi vida.

16-10-1996

EN ESTAS PÁGINAS

El corazón se me ha abierto
en estas páginas blancas,
y quiero dejar mis huellas
impregnadas de nostalgia.

Son mis versos los pasajes
de esta vida tan ingrata,
y es mi soledad sincera...
la que más me llena el alma.

16-10-1996

AÑORO

Añoro tu silueta
por no decir tu cuerpo.
Añoro tu mirada
por no decir tus ojos.
Añoro tus palabras
por no decir tu boca.
Y añoro tu presencia...
porque no la tengo.

21-10-1996

FRIALDAD

No he tenido el valor
de decir la verdad,
he fingido un amor
que no es ola en mi mar.
Y he sentido tus manos
y tu boca besar,
y tu pecho robusto...,
no sentí nada más.

24-10-1996

RENCOR

Anoche te vi...,
y en mi pecho un temblor
de rabia y de odio.
Anoche te vi...,
y pude vencer
mirarte a los ojos.

3-11-1996

LA NOCHE ESTÁ ENFERMA

La noche está enferma
y yo aquí soñando,
la noche está fiera
y gime llorando.
La noche y mi vida
se están peleando,
la noche violenta
con ruido y espanto,
le dice a mi vida
que está sollozando:
–Tu camino ha sido
el rodar de un canto,
la soledad siempre
te sirvió de manto,
tu más bella dicha
fue tu desengaño
y ahora ya no buscas
más que a Dios en vano.
–¡Yo no soy cobarde,
ni eres tú gallardo!
Yo soy la poeta
que escribe en su diario,
que la vida es dicha,
que la vida es tango,
que el que no la baila
se queda sentado
y el que no se atreve...,
¡vive amortajado!

9-11-1996

GRITOS

Escucho como gritan
mis pensamientos callados,
escucho como gimen
y reclaman el pasado.
¿Es que acaso tengo miedo
a enfrentarme con la vida?
¿Es que acaso no han cerrado
todavía mis heridas?
¡Tengo miedo!
¡No es posible
que la vida me maltrate!
¡No es posible que la vida
me quite y no me regale!
Ya no siento ni mi alma
ni tampoco el alma mía,
tengo las manos llenas
de la eterna poesía.
¡He perdido la razón!
¡Ya no sé ni lo que digo!
Quisiera tener tu cuerpo
para usarlo como abrigo.
Quisiera quererte tanto...

Quisiera que me quisieras,
quisiera que no me hablaran
con esas malas maneras,
voces con formas que hieren
cuando en mi vida penetran,
hoy he oído varias voces
de quinientas mil maneras,
que ahora danzan por mi mente
aunque yo no quiera verlas.
Y es que me hacen tanto daño...
¡Soy tan frágil que me queman!
¿Es que acaso me merezco
lo que digan otras lenguas?
Ahora que estoy hundida,
no tengo barco ni vela,
pero tengo un corazón
más grande que una tormenta,
y quien ahora me abrasa...,
preparando está su leña.

19-11-1996

CALLE Y SOLEDAD

La soledad de esta calle
desierta y vacía,
me arropa en su seno
y me ayuda a ser grande,
me envuelve en la brisa
que es pálida y fría
y hace que mis versos
despierten su imagen.

La noche está atenta
y se posa en mi ventana,
las palabras brotan
de mi mente sin barreras,
no hay nada como la soledad
para saber lo que uno siente...,
y nada como una noche
para sentirse sincera.

No hay nada como una noche
y una calle desierta,
sin el rumor del día...
la noche está muerta.
Yo me siento libre
porque mi alma está llena
de palabras, de poesía,
de una noche que me espera.

30-11-1996

CANTOS DE LA MADRE TIERRA

Escucho los cantos de la Madre Tierra,
cantos que no escuchan los que no se alejan,
los que no se evaden de esta vida incierta,
los que no conocen ni descubren sendas.

Escucho los cantos de la Madre Tierra,
cantos de las olas, cantos de las piedras,
cantos de la brisa, de la vida eterna,
cantos que se sienten en el alma nuestra.

Escucho los cantos de la Madre Tierra,
yo escucho sus gritos y escucho sus quejas,
porque yo soy parte de la misma arena,
y no quiero a nadie para ser sincera.

02-12-1996

EVASIÓN

Son las ocho de la tarde
y me evado en el silencio,
y me marcho de esta vida
y la vivo en otro tiempo.
Y camino...
¡No es posible
que mi voz no tenga eco!
¡Que mis pasos me han llevado
al límite de lo incierto!
Y camino...
Y llego al pie de un almendro,
al sonido de un arroyo
y a un monte lleno de brezos.
Y camino...
¡Qué matices tan intensos!
Hace un instante la noche
y ahora está amaneciendo.
Y camino...
Hace frío y me detengo
y en los muros de una casa
ya roídos por el tiempo,
arrimo todos mis pasos
y también el pensamiento.
Y levanto la mirada
y veo que todo es bello,
y veo que todo es verde...,
y veo que todo es cielo.
Y veo que todo es grande...,
¡que yo soy lo más pequeño!,
y a la vez lo más sublime
porque siento lo que siento.

Y camino...
Está húmedo el momento
y respiro la frescura
de los árboles del cuento.
Y camino...
Y el sol ya más que despierto,
le da calor a los muros
que un día fueron esbeltos
y ahora son tan ancianos...,
que no tienen ni misterio.
Y camino...
Y quiero gritar un verso...,
y como si fuera un canto
rodar y abrazarme al suelo.
Y escucho trinar las aves...,
y escucho el rugir del viento,
y las sombras de los pinos
me llevan hacia tu encuentro.
Y descanso...
Y me duermo en el silencio,
y las hojas al mirarme
me van regalando besos.
Y despierto...
Y te veo allá a lo lejos...,
y cuando quiero abrazarte
se desvanece mi sueño.
Son las nueve de la tarde
y me evado en el silencio,
y regreso de una vida...,
que es refugio de mis versos.

Diciembre 1996

Fui tan feliz…

SUEÑOS INNATOS

¡Qué triste es vivir sin sueños innatos!
¡Qué triste es andar sin sentir los pasos!
¡Qué triste, formar parte de un rebaño!
Qué bello es cortar las olas en cambio
y mirar al sol y sentirse humano,
y sentirse humilde y sentirse bravo,
y mirar al frente sin miedo al naufragio.
El todo eres tú y lo demás es campo,
campo que uno crea y que hace pedazos,
campo que te ayuda a vivir soñando.
Por eso esta tarde he soñado tanto,
he abierto mis ojos y he visto a Pegaso,
y he visto un reflejo amarillo y blanco.
Y he visto tantas cosas...
He escuchado al mar sin miedo y espanto,
he visto a lo lejos el rostro de un barco,
y un inmenso cielo de matices blandos.

Hoy no he visto el tiempo, hoy no lo he notado,
hoy solo he sentido un sabor salado
de agua que brotaba contra muros sabios.
Hoy he estado a solas con mis desengaños,
y llegó la noche y seguí mirando
hacia el horizonte, hacia lo más claro.
Y mi pluma fina seguía bailando
y dando a luz todos mis versos innatos.
Fui tan feliz...
Cuando la tormenta me tienda su manto,
iré a hallar la paz a lo más lejano.

04-12-1996

A solas con mis desengaños

SOLA

Sola, sin rumbo, sin luna...,
sin sol que me alumbre el camino,
por el que ando y me arrastro,
por el que muero y que vivo.

4-12-1996

SITIOS

Me gustan los sitios
que huelen a gris,
que saben a verde...
y esperan por mí.

4-12-1996

YO QUIERO SENTIR

Yo quiero sentir
la soledad sincera,
la verdadera quietud
de las aguas muertas,
de las aguas bravas,
de las aguas tiernas,
de las aguas grandes
y de las pequeñas.
Mis versos son parte
de la fina arena,
porque ellos confluyen
con el agua fiera.
¡Qué poeta llora
sin mirar la Tierra!

11-12-1996

VIOLENCIA DEL VIENTO

La violencia del viento
le da vida a mi alma,
y el rugir de la brisa
entre ramas de plata,
enfurecen mi vida
y entristecen mi gama.
Gama de matiz oscuro,
azul y verde que desgranan,
violeta inmenso, inacabable...,
más frío, que el sol de la mañana.

20-12-1996

SOÑAR EN LO MÁS LEJANO

Hoy he dejado el mar por un momento
y he venido a soñar al cielo,
a los árboles, a la brisa, a los pájaros...,
a lo más lejano de lo cierto.

El aire está helado
y el monte está muerto,
y vivo en su belleza,
y vivo en su misterio.
El monte está muerto...,
yo formo parte de ese silencio.
El monte está muerto...
¡Quién pudiera abrazarse
a la fuerza de este suelo!

Hoy he dejado el mar por un momento
y he venido a soñar al cielo,
a los árboles, a la brisa, a los pájaros...,
a lo más lejano de lo cierto.

22-12-1996

LOS ÁRBOLES CANTAN

¡Qué música más hermosa!
¡Los árboles cantan!
En un frío eterno,
entre un verde claro
y un azul intenso.

19-01-1997

PARA SER SINCERA

Para ser sincera...,
debo estar atada
al sol y a la tierra.
Para ser yo misma
y no ser cualquiera,
solo quiero al viento
que arrastra a la arena,
que arrastra las hojas
que se quedan muertas
y que trae el canto
de la vida eterna.
Para ser sincera...,
yo no quiero a nadie
que a mí no me entienda.
Solo quiero verdes,
azules, violetas,
amarillo y ocre
y pincelada suelta.
Para ser sincera...,
hay que ser eterna,
hay que hacerse verso,
canción o poema.
¡Fuera los rebaños!
¡Fuera las leyendas!
Porque solo es cierta
la naturaleza.

Para ser sincera...,
con un verde claro
y una brisa fiera,
me siento más grande
que la misma Tierra,
y en un viejo muelle
de roída piedra,
veo morir mis horas
de angustia serena.
Entre olas saladas,
coloridas, negras
y un cielo cubierto
de abundante niebla.
Para ser sincera...,
debes aferrarte
sin miedo a tus huellas.

20-02-1997

MAREA

La marea fluye cada vez más turbia,
y yo, aferrada a una barca
sin poder ver ni anclar,
simple como un suspiro,
frágil como una pluma,
débil, viejo armamento
que me atas a la mar.
Yo no sé si he de morir callada,
aferrarme a la niebla
y dejarme llevar...,
y buscar el refugio en las estigias aguas,
donde el vago recuerdo
no se ve nunca más.
¡Quién me ayudará a escapar
de este infierno de guerra?
¡Quién me dará las armas
con las que debo luchar?
Entre nieblas diviso
una luz que se agita,
y mi barca que quiere hasta ella avanzar...,
entre tanto mi alma se confunde dolida,
sin saber si mi vida se dirige hacia el mal.

09-04-1997

OSCURIDAD

Entre las sombras de mi alma
veo un barco que se aleja,
que se aferra al horizonte
y que nunca más regresa.
Entre las sombras de mi alma
veo un niño que me besa,
veo un mundo de ilusiones
y una fuente de promesas.
Entre las sombras de mi alma
veo negras las acequias,
veo muerte en las auroras
y un infierno de tinieblas.
Entre las sombras de mi alma
veo un yo y una tristeza,
y una imagen abatida
alejada de la Tierra.

16-04-1997

ECHO DE MENOS TU PRESENCIA

Cómo echo de menos tu presencia,
cómo añoro tu cuerpo y tu silueta,
tu mirada, tus palabras y tu boca,
y el fuego de tus manos
que me hacía volver loca.
Cómo echo de menos las esperas
con una recompensa de caricias,
con una saciedad donde el deseo
rompía las fronteras de la vida.
Y que queda...
Una mera, gris y dura ausencia,
un ayer que se ha marchado con la brisa,
un te quiero que se agarra firme a un mástil
y una culpa por mi parte de tu huida.
Y que queda, si yo quedo entre las sombras,
escribiendo siempre en verso mis desdichas,
aferrada siempre al crudo pensamiento
de no ser la que te espera en otra orilla.

18-04-1997

SUEÑOS DE PLATA

Yo vivo las horas
en sueños de plata,
que huyen del tiempo,
que viven de nada.

Yo vivo las horas
en sueños de plata,
que brillan de noche
cuando nadie habla,
cuando todos duermen
y los grillos cantan,
cuando más desnuda
se nos queda el alma,
y tememos todo
porque somos nada.

Yo vivo las horas
en sueños de plata,
y mientras algunos
inventan venganzas,
yo me vengo a solas
de la vida ingrata,
que nos hace parte
de materia basta
y da sepultura
a todas las almas.

Yo vivo las horas
en sueños de plata,
porque solo sueño
con soñar mañana.

08-08-1997

A SOLAS

Te recuerdo a solas en mi cuarto
y te veo en cada sombra, en cada esquina,
te recuerdo cuando todo se oscurece
y mi vida necesita de tu vida.

Te recuerdo entre las letras de mi diario,
cuando a solas desabrocho mi camisa,
te recuerdo como un cuerpo que se tiende
en un lecho, sin amor ni compañía.

09-12-1997

Y LA VIDA CADA VEZ...

Y la vida cada vez
se arrebata contra mí,
me revuelve, me destruye
y me vuelve a construir.
Pero en esa construcción
son marmóreos los cimientos,
que una vez fueron de espuma,
que se fueron con el viento.
Y los sueños...; calaveras,
y el porvenir...; anhelos,
y las vagas ilusiones
en la realidad murieron.
Y la amistad...; desengaño,
y en el amor...; desconsuelo,
y la existencia un martirio
que se apaga como el fuego.
Y queda un yo solitario
que a veces mirar no puedo,
porque veo un niño triste
que se arrodilla en el suelo.
Y me contempla lloroso,
y me contempla risueño,
y me promete mentiras
y me relata los sueños.
Y me engalana con rosas,
y me hace bailar destellos,
en la danza más hermosa
que pueden bailar dos cuerpos.
Y tu robustez de hombre...
junto al cristal de mi pecho...,

¡es tal la belleza fuera!,
¡es tal la belleza dentro!,
que es tan solo una utopía
porque lo real ha muerto.
Y en una lápida oscura
de mármol, piedra y cemento,
se van quedando mis huellas
y mis pasos por el tiempo.
Y mis pasos cada día
son más firmes y más fieros,
y van dejando honda huella
en el pálido misterio,
de un camino recorrido
por casi todos los muertos.

18-03-1998

A VECES

Me ahogo en mi mundo
de letras y lienzos,
de pastel y lápiz
y a veces...,
te echo de menos.

Me ahogo en las horas
del sentir eterno,
y en mitad de un llanto
a veces...,
a veces te siento.

Me enfrío en la brisa
del pálido invierno,
de todos los mares
que cruza el misterio
y a veces...,
a veces te veo.

Me envuelvo en mentiras,
me visto de sueños,
de irreal comedia
y a veces...,
a veces despierto.

Levanto los ojos,
me siento en el suelo,
me duele la vida
y a veces...,
a veces te quiero.

Y a veces me digo
que a veces fue fuego,
y a veces a solas,
a veces...,
a veces me quemo.

28-03-1998

PASAN LAS HORAS

Se me pasan las horas
distantes y frías,
entre el cálido abrazo
del rumor de la infancia.

Se me pasan las horas
distantes y frías,
se me pasan las horas...,
¡pero no la esperanza!

02-08-2000

TINIEBLAS AZULES

Me siento perdida
en tinieblas azules,
buscando un recuerdo,
buscando un perfume,
buscando unos ojos
que digan promesas,
que brillen auroras
que irradien belleza.
Me siento perdida
en tinieblas de cuento,
de ardoroso encanto
de la piel del tiempo,
buscando tu mano,
buscando tu risa,
tu piel, tu silueta...,
buscando sin prisa.
Y pienso encontrarte
porque sé que existes,
y sé que me sientes
y sé que me extrañas,
que me anhelas y esperas
en una orilla cercana,
y que nos vamos a ver...
quizá hoy, quizá mañana.

2002

TODAVÍA

Todavía me parece sentir tu presencia,
todavía me parece que te tengo aquí presente,
todavía me parece que contemplo tu mirada,
que no, que no te has marchado...,
que no me has dejado ausente.

Todavía puedo verte sin tener que imaginarte,
todavía puedo oírte, puedo hablarte, puedo olerte,
pero no puedo abrazarte sin sentirte entre mi pecho,
pero no puedo tocarte, pero no puedo tenerte.

Porque eres solo un fantasma, una sombra, una penumbra...,
una especie de recuerdo que viene y se desvanece...
¡Cuánto dolor me has causado! ¡Cuánto dolor! ¡Cuánto llanto!...
¡Cuánto amor que no es de nadie! ¡Cuánto amor que ya no quieres!

2002

TE VI

Te vi, y ese dolor
que causó en mí el recuerdo...
y tu presencia...

Te vi, y el corazón
se desató en mi pecho,
con tu presencia.

Te vi, y la ilusión
se me murió en silencio,
por tu presencia.

Te vi, y fue morir
por verte de nuevo...
Porque en presencia de ti,
en presencia de ti,
en presencia de ti...
llora el tiempo.

2002

SOÑANDO LA VIDA

¡Qué hermosa podría ser
la vida a tu lado!
¡En cuántos amaneceres
habríamos despertado!
Con nuestros cuerpos desnudos
en el lecho entrelazados,
con tu mirada en la mía
y con tu mano en mi mano.
¡Qué hermosa podría ser
la vida a tu lado!
Si no existieran las normas,
si no estuvieras atado,
si fueras un alma libre
que vuela hacia cualquier lado.
¡Qué hermosa podría ser!...
¡Qué hermosa sin desengaños!
Cuán hermosos son tus ojos,
cuán hermosos son tus labios.
¡Qué hermosa la vida sí!
¡Qué hermosa la que soñamos!
Porque la vida que vivo, sin ti...,
se me deshace en pedazos.

11-10-2002

Tú eres el campo de los
sueños.

Ausencias

"Como una mar sin orilla..."

(Poemas de 2003)

“Nunca conocí ese misterio que encerraban tus ojos...,
ni esa pena honda que guardaba tu vida”.

HAS VOLADO LEJOS

Has volado lejos...
y aún te siento a mi lado.
Aún puedo oír tu voz,
ver tu cuerpo, sentir tus manos,
mirarme en tus ojos tristes
y deshacerme en tus brazos,
y escuchar esas palabras
que aún hoy...
me hacen vivir soñando.
Hoy quiero darte las gracias
por los días que me has dado,
por los sueños que se fueron
y por los que despertaron,
por ese calor de amigo,
por ese calor de hermano,
por ese fuego de amante,
por haberme amado tanto,
por todo lo que me diste,
por lo que me has enseñado,
por tener el corazón
más grande que Dios ha dado.
Por eso y por tantas cosas...,
aquí te seguiré amando,
aquí en esta otra orilla
donde seguimos anclados
los que seguimos viviendo,
los que seguimos luchando.
En esta otra orilla rota,
porque ahora, te has marchado,
llevándote entre tus alas
un sueño de enamorados.

DEMASIADO TRISTE

Demasiado triste
para escribir estos versos,
demasiado triste
para asumir que no estás,
demasiado triste,
demasiado peso,
sobre este cuerpo
que no puede más.

MAÑANA

Mañana; cuando despierte...,
no encontraré tu cabeza junto a la mía,
no encontraré tus brazos
rodeando mi cuerpo,
no encontraré a ese hombre
diciendo que me quería.
Solo el mísero y gris recuerdo,
al que tengo que aferrarme mientras viva...
y alguna esperanza ingenua,
a la vez ciega y atrevida,
de encontrarnos en otros valles,
de encontrarnos en otra orilla.
Mañana, cuando despierte...,
cuando ya sea de día
y hayan pasado las noches
de nubes negras y frías,
sé que volveré a encontrarte,
sé que escucharé tu risa,
sé que volveré a abrazarte...,
¿no lo sabes tú, mi vida?

MÁS QUE NUNCA

Te quiero más que nunca
y no puedo tenerte,
te quiero más que nunca
y no puedo abrazarte,
te quiero más que nunca,
te quiero, aunque la muerte
me haya arrebatado
tu cuerpo y tu linaje.
Te quiero y ya no puedo
mirarme en tu mirada,
abrigarme en tus brazos,
enrollarme en tu cuello,
te quiero más que nunca
y no me queda nada,
ni me quedan fuerzas,
ni me quedan sueños.

TU AUSENCIA

Tu ausencia me mata
y envenena mi cuerpo.
Tu ausencia me convierte
en un dolor sin nombre,
en un sufrir eterno,
en una ilusión vaga,
en un mar sin orilla...,
en un saber que fuiste
y ahora no te tengo.

TANTOS SUEÑOS...

Tenía tantos sueños
al lado de tu vida,
al lado de tus ojos,
al lado de tus manos,
al lado de tus cosas,
al lado de tu risa,
al lado de tu nombre...,
al lado de tu lado.

84

HOY

Hoy, como ayer, como mañana...,
te sigo recordando y mirando tus ojos,
con una pena honda, con una pena larga,
con un dolor sin nombre
que habita entre nosotros.
Y qué hacer ante lo imposible...,
ante lo que es y no se puede cambiar,
ni a golpe de martillo, ni a golpe de esperanza,
¡porque es tan duro el golpe!...
Saber que ya te has ido,
saber que no vendrás.

ADIÓS SIN DESPEDIDA

Aún; no comprendo tu marcha...
No comprendo este adiós sin despedida,
esta sombra gris y amarga
que has dejado al lado de mi vida.
Este dolor sin consuelo,
esta juventud perdida...
¡Qué vacío tan inmenso!,
como una mar sin orilla.
Quisiera gritar tu nombre
y arrancarme la camisa,
y perderme en la locura
que me dejó tu desdicha.
Y es que sin ti..., no comprendo,
no entiendo la vida misma,
no entiendo por qué es de noche
y está mi cama tan fría,
mi corazón tan helado
y mi rostro sin sonrisa,
mi vientre sin ilusiones,
mi casa sin tu visita.
Y es que te echo tanto en falta...,
que has olvidado la vida.

AUSENCIA

Tu ausencia, silencio amargo,
gris, oscuro como el agua
que de adentro hiela y fría
se aferra, endurece el alma.

Tu ausencia, ilusión perdida,
juventud sin flores, amores sin llama,
amanecer sin consuelo...,
soledad sin compaña.

Tu ausencia vientre agitado,
fruto anhelado te llama...,
ausencia que abarcas todo
porque me has dejado nada.

Tu ausencia guardo en silencio,
tus ojos llevo en mi cara,
tu boca en mi boca llevo,
¿es que tú no llevas nada
a ese lugar sin consuelo
donde se pierden las almas
y dejan a los que quedan
el dolor en las entrañas?

Tú sabes que te has llevado
el amor que ahora me falta.

DOLOR PROFUNDO

Y es que te amo tanto
en mi dolor profundo...,
que quisiera arrancarme
toda la piel a tiras,
por la locura ciega
de amarte sin tenerte...,
de amarte sin sentirte...,
de amor que no se olvida.
De amor que no se escapa
a las olas del recuerdo,
que sigue palpitando
como ese primer día,
que vi tus ojos verdes
abiertos como estrellas...,
que viste tú en los míos
la paz que merecías.
Te quiero, te deseo,
te ansío, te recuerdo...,
te llamo y no respondes,
te miro y no me miras.
¿Qué fuerza es la que me hace
amarte de esta forma...,
que no conoce tiempo
ni el paso de los días!
Ni el paso de mis pasos
por esta vida errante...
–Tú me has calado hondo...
–Es lo que me decías.

Vivencias

"Seguir andando en esta senda"

DESCONSUELO

Cuando la muerte llega..., qué soledad
cuando la muerte arrasa.
Qué vacía se queda el alma, desierta...
Qué desconsuelo infinito
en el hogar de la vida.

Oscuras las calles, el alma,
sin rostro las personas
y aún sintiéndote cerca,
sin saber donde se encuentra
esa energía infinita.

Te siento cerca, te hablo,
te miro; me engaño...
Y todo sigue su curso
cual si no importase,
y aún mis huellas
intentan buscarte.

2003

QUISIERA

Quisiera abrazarte
y enrollarme en tus manos...,
amanecer en tus ansias,
despertar en tu cuerpo,
abrirme camino
dentro de tu vida,
caminar juntos...
hacia un mismo cielo.
Caminar de la mano,
compartir tu presencia,
compartir tus ausencias
y también tus recuerdos,
tu alegría y tu llanto
y beber de tus ojos...,
confidente y amigo...,
compartir cada beso.
Compartir las esperas
pero esperar contigo,
saber que tú anhelas
lo que yo deseo.

20-10-2003

Y AUN SIN DECIR NADA

Y aun sin decir nada...,
todo se sabe,
nada delata.
Todo se siente dentro del alma,
sin dejar huellas en el rostro.
Solo la mirada
quisiera romper el silencio,
y sin decir nada
se sigue saliendo a escena,
cual si no importase...,
en un teatro irreal
donde negamos al yo.

3-11-2004

GRITOS CALLADOS

Gritos callados, aúllan mi mente
de fronteras insospechadas,
de ilusiones perdidas, de espacios infinitos;
que cambian de noche
cuando nadie me ve.
Cuando todos se sienten
y se escuchan verdaderamente,
porque... ¿qué es la noche
sino el liberar a oscuras
nuestro espacio inconsciente?
Nuestra vida desnuda,
que se encara sincera...,
sin vestiduras.

Febrero 2006

QUISIERA DECIRTE HOY

Quisiera decirte hoy...
que no me importa.
Que no me encuentro
engullida por su rostro,
abatida por su miedo,
que no me espera
quizás en la tiniebla,
quizás en el recuerdo.
Que no me siento
unida a sus palabras,
a su silencio,
que no me envuelve
el dolor con sus punzadas,
que no amanecen
mis días sin misterio.
Que no recreo
su imagen en la sombra
y no taladra su voz
mi pensamiento.
Que no caminan
sus pasos en la noche
y no se para la vida
por su vuelo.
Quisiera decirte hoy...,
decirte lo que no es cierto,
que no conozco su nombre
ni su vida...,
que no he mentido
por ver un día nuevo.

Febrero 2006

EL CORAZÓN DE LOS POETAS

El corazón de los poetas
es un cántaro lleno de verdad...,
de furia, de miedo, de esperanza...
No importa;
solo de palabras está hecho el mundo.

Octubre 2007

EL ALMA DE LOS PUEBLOS

El alma de los pueblos
está hecha de sus gentes,
de su recuerdo, de su memoria...,
de la palabra.

Octubre 2007

NO ENTIENDO

No entiendo por qué te quiero,
no entiendo por qué te extraño,
no entiendo por qué te busco,
no entiendo por qué te amo.
No entiendo por qué una noche
se juntaron nuestras manos,
se juntaron nuestras bocas,
nuestros cuerpos..., nos atamos
al amor que no se puede,
al amor que hace pedazos,
al que miente, al que traiciona,
pero... ¡cuánto nos amamos!
Y si hay algún tercero
que no entiende nuestros lazos,
yo tampoco entiendo leyes
que rigen el mundo vano,
el mundo de lo sublime,
de lo absurdo, de lo llano,
el mundo que no conozco
sino a través de tus labios,
de tus ojos, de tu boca,
de tu cuerpo que reclamo.
Te quiero, te necesito, te busco...,
y a grandes voces...; te amo.

2010

CAMINAR CANSADO

Caminar cansado...,
nunca desesperanzado.
Caminar dolido
sin haber perdido los sueños
que inundan un alma rota,
un alma herida de sueños rotos,
de amor sin lumbre,
de desconsuelos,
que pide al cosmos, pide a los cielos
seguir anclada en esta senda,
que no se rinde, que no se entierra.
Que solo es lucha lo que anhelamos,
que no se puede vivir muriendo,
que no se puede vivir callando.
Que la esperanza es lo más eterno
que Dios ha dado al ser humano.

17-03-2011

SEGUIR LA SENDA

Solo los cobardes agachan la mirada y marchan...
Sin saber por qué, una sensación insaciable en su pecho,
de no haber vencido, de trazar un trecho
que solo depende de las circunstancias.
¿Y qué es ser cobarde en este mundo servil,
carente de leyes y justicia sin manta?
Quisiera ser abrigo para todos aquellos
que no han podido andar en una senda oscura,
en una senda gris, camino a la locura.
Que solo un paso basta para abrir trecho en las sombras
y golpetazo firme nos sirve de armadura.
Que solo caminar es signo de nobleza,
que solo despertar es signo de esperanza,
que nada permanece, que todo se renueva,
que nada ponga frenos al fin de tu mañana.

17-03-2011

ME FRENÉ EN TUS OJOS

Me frené en tus ojos y seguí andando la senda...
Te vi como un ser normal, carente de cielos,
carente de dudas, de remordimientos.
Y yo sigo anclada al mar de tu cuerpo,
no quiero echar amarras en mar muerto,
en la sombra gris de tu pensamiento.
Quiero ser la luz que abraza tu día,
quiero ser el sol que irradia tu cuerpo,
quiero ser la tierra en que germine el fruto
de un amor prohibido, de un amor eterno.
Quiero ser tu abrigo, quiero ser tu orilla...
y si no es así..., yo ya nada quiero.

2011

DE VIDA Y VINO

Concurso y edición del libro "20 poemas a Baco: homenaje al vino". III Festival Atlántico de Poesía "De Canarias al Mundo" 2013. Convocado por el Centro Canario de Estudios Caribeños -El Atlántico-.

Palabra se torna verso,
la tristeza en alegría,
se tornan los sentimientos,
se torna la valentía.
Y cuántas penas calladas
que brotan del alma misma,
cuando el néctar se desmanda
con toda su algarabía.
En las mesas más humildes,
la del alcalde o la misa,
en reuniones sublimes,
en fiestas y romerías.
Desahogo para el alma
cuando embriaga las pupilas
y en una copa no cabe
tanto amor, tanta alegría,
el saber de los que saben
y la rabia contenida.
Traje púrpura elegante,
la más sagrada bebida,
en botella de cristal,
en ánforas o en vasijas.
De tiempos inmemoriales
el agricultor cultiva
la uva con tanto esmero,
que entregándole la vida,
saca el jugo que fermenta
cual fermentan las heridas.
Y la vida se nos pasa
sorbo a sorbo, día a día,
cual si fuera una botella
de vino que se vacía.

Agosto 2013

SI TÚ... NO ME AMAS

Con manos salvajes
de placer y rabia,
enciende mi cuerpo
que de amor te llama.
Y con la dulzura
de suaves fragancias,
abriga mi vida, abriga mi alma
como el oleaje
que abraza a la playa.
Conoce mi ombligo,
abraza mi espalda,
porque siento frío...
si tú... no me amas.
Recorre mis campos
de carnes rosadas,
de amapolas tristes
y tierra mojada
que solo florece...
cuando tú... me amas.
Sube a las colinas
de blancas montañas
y penetra el fuego
para arder en llamas,
en el centro mismo
que el amor prepara
para que la vida surja de la magia.
Que el vaivén nos lleve
hacia nuevas aguas,
porque siento frío...
si tú... no me amas.

Enero 2014

DESABROCHANDO RECUERDOS

Abriste paso a las estrellas
escribiendo historias con tus dedos,
sobre mi piel desnuda...,
entre el rizado pelo...,
besando mi espalda y con tu lengua
surcando los rincones de mi sexo.
Y solo tu imagen me basta
para llegar a abrazar el cielo.
Y aunque ausente tu presencia,
desabrocho los recuerdos...
El recuerdo de tu boca
recorriendo mis secretos,
saboreando el delirio,
humedeciendo mis senos...
¡Qué hermoso vivir atados
en un mismo pensamiento!
Cuando la distancia aprieta
y agudiza los deseos,
de sentir tu robustez
junto al cristal de mi pecho.
Y mi cuerpo deshojado...
que necesita tus besos,
tu fuego desenfrenado
navegando mar adentro,
en un sinfín de gemidos,
en una pasión de cuento,
en un vaivén de ternura,
de rabia y de sentimiento.
¡Ay mi amor si tú supieras
cuánto te echo de menos!

Enero 2014

A MI PERRO

Aún no te has ido,
estás en casa...,
con tus patitas
corriendo en el pasillo.
Aún no te has ido,
estás en casa...,
con tu mirada
de perro viejo y niño.
Aún no te has ido
y te presiento
en cada rincón de casa,
en cada esquina,
en cada lugar que miro
y te recuerdo...
Tú, siempre fiel...
amigo de mi vida.
Y ahora te vas así
como si nada,
quedándose tu cuerpo
mudo y frío,
dejándonos dolor en las entrañas...
Tú, perro viejo, fiel...
¡¡¡Mejor amigo!!!

4-04-2014

LA SANGRE CORRE

La sangre corre
cual mar de lava
en días de sol...
La injusticia tiene nombre...
Todos lo sabemos.
¿Por qué nadie la delata?
¿Por qué se sigue robando
la tierra, el pan, la esperanza,
la vida que ya no es vida
si te aniquilan el alma?...
Quisiera con estos versos
apuñalar con palabras,
a todo cruel asesino,
a toda injusticia humana...
¿Cómo voy a sonreír?
¿Cómo voy a estar callada
si oigo el llanto de los niños
que a diario mueren en Gaza?
¿Por qué tanta mierda Dios?...
¿Por qué tanta mala saña
en este mundo traidor
donde se cuelgan medallas
al más ladrón y usurero
y a los pobres se desahucian?

Ya no aguanto tanto horror,
tanta punta de metralla
y el premio nobel de la paz...
¡Qué hipocresía barata!
El mundo va del revés,
nosotros vamos de espaldas...
¿Pero tan difícil es
ver la verdad y no negarla?
Que pa' escribir lo que siento...,
yo, ya no encuentro palabras.

13-08-2014

DISTANCIA IRREPARABLE

Te quiero sin conocerte,
sin sentirte, sin tocarte...
Sin mirarme en tu mirada
y te siento más que a nadie.
Te siento desde aquí adentro
porque desde aquí me sale
un amor, profundo y tierno,
desenfrenado y salvaje.
Te quiero por tus palabras,
te quiero por lo que haces,
me enamoré de tus cosas,
de tu ternura y tus frases.
De tu locura de hombre,
de mi sed de acariciarte,
de estar juntos en las noches
de diálogos incansables.
Se prolongaban las horas...,
la distancia irreparable
hacía crecer el deseo
y las ganas de abrazarte.
Pero tú no estás aquí,
casi a punto de olvidarme
y yo te sigo soñando
y te quiero, más que a nadie.

8-09-2014

YO NO ELEGÍ VIVIR EN GUERRA

Yo no elegí vivir en guerra
y sin embargo...
Siguen cayendo bombas,
siguen hundiendo barcos,
siguen lanzando misiles,
siguen sonando disparos.
Se mutilan las verdades,
los sueños se hacen pedazos,
la esperanza se refugia
en un mundo imaginario...,
de fronteras invisibles,
donde no hay negro ni blanco,
solo un mar azul y limpio
y un cielo lleno de pájaros.
Yo no elegí vivir en guerra
y sin embargo...
Veo imágenes que anuncian
que el mundo se cae en pedazos,
que la mentira triunfa
en medio de tanto engaño.
No veo miradas limpias,
no veo colores claros,
la inocencia ya no existe
y el amor...,
el amor ya no es humano.
Yo no elegí vivir en guerra
y sin embargo...

Tengo que seguir viviendo
en medio de tanto fango,
donde asesinan a niños
con un juguete en la mano...
¿Hay algo más cruel que esto?
¿Qué nos está pasando?
Pero... ¿no nos damos cuenta
que nos están engañando
y que Imperios asesinos
nos están manipulando?
¡No quiero vivir en guerra!
Y sin embargo...
¿Por qué mi voz no se escucha
si yo soy un ser humano?

29-11-2015

DECIR ADIÓS

Decir adiós...
Y nuestras almas...
que apenas se encontraron...,
se miraron nuestros ojos,
se besaron nuestros labios.

Decir adiós...
Y nuestros cuerpos...
que apenas se abrazaron...,
se quemaron en el fuego
del amor y el desengaño,
de razones que no entienden
lo que encierra el ser humano,
cuando es larga la partida
y amanece tan temprano,
y a los mares del olvido
quedamos encadenados.
Al recuerdo de tu aroma,
al de tu mano en mi mano,
a nuestros cuerpos desnudos...
¿Y cómo no recordarlo?...

Decir adiós...
¡No es posible
el tener que separarnos!
¿Acaso la despedida
puede existir cuándo amamos?...

Mayo 2016

EL RELOJ PARADO AVANZA

El reloj parado avanza
en el ciclo perpetuo de la vida,
sin aguja y sin tic-tac...
marca la hora exacta a cada paso.
Y se abre camino
o rompe en pedazos,
cuando un día nace...
otro termina.
El reloj perpetuo de la vida...
avanza tras otra primavera.

19-07-2016

CAMINA

Camina...
Camina y no te detengas
en las sombras.
Las sombras
son el reflejo del ayer...
Las sombras...
oscurecen la esperanza.

20-07-2016

QUÉ IMPORTA

Qué importa...
que no entiendan tus palabras,
que las estrellas lloren hoy
y vuelvan a brillar mañana.
Que el desconsuelo
atraviese el pecho como una daga
y la tempestad llegue
a la quietud de tus aguas.
Qué importa...
que te sientas engañada,
si las miradas no mienten
cuando miran a la cara
y la mentira no vive
más allá de una palabra.
Qué importa...
si ya no te queda nada
o si lo perdiste todo
en una mala jugada...
Si queda la poesía...,
qué importa que naufragaras...
si hay nuevos amaneceres
que entran por la ventana
y la música infinita
que transforma nuestras almas.
Qué importa...,
si en verdad...,
no importa nada.

25-07- 2016

NO LLORES

No llores...
Si no es para limpiar tu risa,
para dejar espacio a los nuevos sueños,
para seguir andando firme y sin prisa
por un camino lleno de soles nuevos.
No llores...
Por un mañana que no ha llegado,
por un ayer...
que se marchó en silencio,
por unos ojos que se cerraron,
por unos besos que no te dieron.
Por esa mano que tocó tu vida
y calentó tu alma..., como lo hace el fuego,
fuego que abrasa y te hace cenizas
y tan solo quema con el desconsuelo,
con el filo amargo de una despedida,
de un querer decirte...
que yo..., ¡sí te quiero!
Pero yo no lloro porque no me veas,
no vas a saber que lloro por dentro,
que bebo mi sal y me trago el agua
y me ahogo sola llorando el recuerdo,
de una primavera de flores marchitas
que ahora sobreviven en el frío invierno.
No llores...
No llores si sabes que ya no le importas...
No llores...
¡Si no es pa' vaciar el mar de tu pecho!

26-07-2016

ESPERO

Espero...
a que tu llamada suene
y me alegre la vida,
a que tus pasos se acerquen
y vengan a encontrarme,
a que tus labios me besen
y se encuentren en mi boca...,
a que tu fuego me encienda
y que tus manos me calmen.
Espero y ya no me importa
nada más que tu mirada,
tu presencia y tu locura,
tu pasión desenfrenada,
te espero por tantas cosas
que yo no sabría explicarte...,
porque hay cosas que no pueden
explicarse con palabras.
Porque no puedo luchar
con estas ansias de amarte,
de una forma espiritual,
sincera y apasionada,
te espero porque me niego
a aceptar que me olvidaste,
te espero...
porque no es cierto
que ya tú no esperes nada.

27-07-2016

TU FANTASMA

Tu fantasma...
ya no me duele en las entrañas,
puedo deambular despierta sin soñarte...,
sin esperar tu sombra tras las puertas,
vuelvo a caminar sola hacia delante.
Y en los mismos lugares que amé tu risa,
vuelvo a sentirme libre de esperarte,
a comprender la verdad de tu mentira...,
vuelvo a sentirme yo en todas mis partes.
Y ya no quiero anclarme en tu mar muerto,
ni en el dolor que causan tus desaires,
¡la indiferencia absoluta de tus ojos!,
ni en tu belleza robusta y elegante.
Porque el fantasma que habitaba en mi alma...,
ya no me duele...,
¡y decidió olvidarte!

6-10-2016

CÓMO DUELEN LOS CUCHILLOS

Cómo duelen los cuchillos
de la mentira afilados,
las verdades de unos ojos
que tergiversan los labios.
Cómo duelen las verdades
que no hemos imaginado,
y el sentimiento más puro
se quiebra y se hace pedazos.

8-02-2017

COSIENDO EL OLVIDO

Me dejaste rota
en un mundo
quebrado y sin soles...,
y ahora volveré a coser
mis vestiduras rasgadas,
lo que un día fue
terciopelo rojo
y hoy...
retal oscuro
de tela mojada.
Con hilo del recuerdo
clavaré la aguja en las entrañas,
bordando con firmeza
y el acero a cada paso
podrá reconstruir
de nuevo la belleza,
uniendo sabiamente
los diminutos pedazos.
Pedazos de ternura
y terciopelo ajado,
trocitos de pasión
y desconsuelo infinito,
locura de tenerte
amarrado a mi pecho
y la rabia impotente
de haberte perdido.

Me dejaste rota
en un mundo sin soles...,
y ahora...
¡Ahora no puedo
coser el olvido!

24-05-2017

ESPERANZA

A veces...,
entre las ruinas...,
hay tesoros escondidos,
pequeños fragmentos
de porcelanas rotas,
pequeños cristales
que hieren punzantes,
minúsculas migas
de piedras preciosas.

A veces...,
entre las ruinas
y envueltas de olvido...,
las flores renacen...
y la primavera brota.

6-07-2017

ROZASTE MI MANO

Rozaste mi mano
y el amor llegó a mi alma,
cual energía sublime
que conecta lo perfecto.
Rozaste mi mano
y apenas un segundo...
bastó para encenderme
la piel de todo el cuerpo.
Tocaste mis dedos
con tus dedos musicales,
tocaste mi vida...
y también el Universo.
¿Qué mágica esperanza
me acecha tras tu ausencia?
¿Qué intuición me conduce
a este erróneo sentimiento?...
Si mi tiempo es perdido
por soñar lo imposible...
¿Por qué esta energía
que quema por dentro?
¿Por qué mi mirada
se pierde en tus ojos?
¿Por qué siempre a solas
busco tu recuerdo?...
¿Por qué no contengo
este amor que me llena...,
que se hace latido
y se convierte en verso?...

Octubre 2017

CON TANTO RECELO

Con tanto recelo
guardé tu cariño...,
aquellos instantes...,
aquellos momentos...
Guardé tu recuerdo
en un imposible,
una vana lucha
de parar el tiempo.
Y con poesía
callé tus ausencias,
inventé la vida,
callé tus silencios...
Con tanto recelo
guardé tu cariño...,
que escuché latir
lo que estaba muerto.

10-10-2017

DESAMPARADOS LOS POBRES

Desamparados los pobres
en un mundo de leyes,
desamparados los pobres,
la ley no los defiende.
Desahuciada la esperanza...,
¿es que nadie comprende?,
la ignorancia se viste
de moneda y billete.
Desamparados los pobres
en un mundo sin suerte,
¡él quería estudiar!,
pero optó a delincuente,
todos tenemos derecho, sí,
¡a nacer y a la muerte!
Desamparados los pobres...,
¡en un mundo de imbéciles!

24-10-2017

AHORA

Ahora...
que sé que no vendrás...,
la espera es infinita
y el instante eterno.
Ahora...
que sé que no vendrás...,
ahora que te has ido
y sé lo que te quiero.

Noviembre 2017

TENÍA GANAS DE VERTE

Tenía ganas de verte...
y salí a buscarte.
Encontré tu rastro en la noche,
entre caras que hablaban de ti,
y entre voces
que hablaban de nadie.
Tenía ganas de verte...
y salí a encontrarte,
entre el ruido y la multitud,
entre humo y puertas de bares.
Tenía ganas de verte...
y salí a la calle,
a seguir tu rastro en la noche
y a la magia del casual instante.
Tenía ganas de verte...
y salí a abrazarte,
como abrazo a mi soledad...
con estas ansias de amarte.

15-04-2018

QUE LLEGUE YA

Que llegue ya
la primavera con sus flores,
que el alba amanezca
con sus rayos
rosados, celestes, infinitos...,
que llegue a mis oídos
el canto de los pájaros.
Que amanezca temprano
en mi ventana,
que no quiero perder
los días ni los años,
que quiero ver brillar
el sol en tus pupilas
y sentir el Universo...
en un beso de tus labios.

Julio 2018

LLEGARÁ

Sé que llegará...
Se abrirá la puerta
y entrará la luz...,
la claridad infinita
de una mañana,
un aire limpio
y el olor a tierra
húmeda y mojada
del sereno de mis ojos,
pero ahora sí,
podré correr en ella,
y sembrar semillas
de esperanza,
y crecer como árbol
de hojas nuevas.
Llegará...
como el sol naciente,
como llega la primavera,
como llega un pensamiento
y se crean las ideas,
como el agua en los barrancos
y la sangre de mis venas,
como el canto a mis oídos...
Llegará...
y si no llega...,
yo, la esperaré en silencio
más allá de las estrellas.

29-07-2018

A GARCÍA LORCA

No pudieron matarte
poeta...,
ni apagar tu mirada,
ni enterrarte en la cuneta.
No pudieron matarte
poeta...,
te dieron más vida aún,
te dieron todas las fuerzas
para seguir caminando
con la luna luna a cuestas.
No pudieron matarte
poeta...,
quisieron aniquilarte
porque temían tus letras
y derramaron tu sangre
con la tinta de tus venas.
No pudieron matarte
poeta...,
y ahora tus ojos tristes
que vagan por las conciencias,
iluminan el camino
de generaciones nuevas.
No pudieron matarte
poeta...,
porque ignoran los tricornios
y vacías calaveras,
que alcanzamos con la muerte
la altitud de las estrellas.

24-08-2018

MUJER

Mujer...,
que viertes tu sangre
y creas la vida,
que con el dolor creces
y sanas heridas,
cicatrices de amor
y grietas cosidas,
con el hilo eterno
que no se deshila,
y que no se rompe
por más que le tiran,
por más que lo cortan
con filo homicida,
con puñal sangrante
y puño machista.
Mujer...,
la que no se rinde,
la que lucha y grita,
la que se defiende
y no se marchita
con las opiniones
de lenguas podridas,
y hace de su cuerpo
la casa que habita,
que goza, que vive...
minuto a minuto...
y día tras día.

Mujer...,
que siempre tus ojos
lloren de alegría,
porque merecemos
ser reconocidas,
tomemos las riendas,
cojamos las bridas,
¡porque ya no más!,
¡no más injusticias!,
porque somos fuertes
y somos divinas,
porque ser mujer...,
¡es ser poesía!

24-11-2018

Fin

Dácil Trujillo Flores

Arona. Santa Cruz de Tenerife. Licenciada en Bellas Artes en la Universidad de La Laguna, con Título Profesional de Especialización Didáctica para las Enseñanzas Artísticas.

Desde corta edad se interesa por la poesía y la pintura que conjuntamente ha venido desarrollando, obteniendo algunos premios ya desde su etapa escolar (Primer Premio de Poesía en el Instituto de Educación Secundaria Granadilla de Abona, con motivo del día del libro, el 29 de abril de 1994). Posteriormente, la Facultad de Bellas Artes de La Universidad de La Laguna le concede la III Beca de Pintura y Paisaje Fundación Mondariz-Balneario en 1999.

Obtuvo el cuarto premio en el Proyecto Creating Poetry en el CEAD Mercedes Pinto de Santa Cruz de Tenerife (2015-2016); el segundo premio en el IV Concurso Mundial de Ecopoesía en Tumbes, Perú, con el poema “Sentencia Ciega” (2020) y finalista en el IX Concurso Internacional de Poesía Luz de Luna, con el poema “Luna Rota”, organizado por la Editorial Diversidad Literaria (febrero de 2024).

Sus poemas han sido seleccionados para obras colectivas, como *20 Poemas a Baco: Homenaje al Vino* (III Festival Atlántico de Poesía de Canarias al Mundo, Centro Canario de Estudios Caribeños ‘El Atlántico’, 2013), libro en el que participó con el poema "De Vida y Vino", y *Poetas Nocturnos VII* (Editorial Diversidad Literaria, abril de 2022) que escogió su poema "Insomne Realidad". También sus versos han sido publicados en periódicos, ediciones culturales y diversas páginas de Internet.

En su trayectoria profesional ha ejercido como profesora de dibujo, pintura y artes plásticas en varios colegios, institutos, asociaciones, ayuntamientos y cabildos, teniendo oportunidad de trabajar con diversos sectores de la población, combinando su actividad artística con su labor docente también actualmente.

Ha participado en exposiciones individuales y colectivas de pintura en diferentes salas y centros culturales, así como en numerosas actividades y proyectos de arte y cultura donde han sido seleccionadas o premiadas algunas de sus obras. También ha realizado diseños e ilustraciones para publicaciones y ha participado en recitales de poesía.

Forma parte desde hace años del Aula Cultural de Etnografía de la Universidad de La Laguna y del Grupo Folklórico de la Facultad de Educación, cuya labor es la investigación, estudio y difusión de la cultura tradicional y folklore musical canario.

En los últimos años ha puesto voz y música a sus poemas, participando en algunos eventos de canción de autor.